Friedrich Eckstein
Erinnerungen an Anton Bruckner

Eckstein, Friedrich: Erinnerungen an Anton Bruckner
Hamburg, SEVERUS Verlag 2010.
Nachdruck der Originalausgabe von 1923

ISBN: 978-3-86347-000-5
Druck: SEVERUS Verlag, Hamburg, 2010

Der SEVERUS Verlag ist ein Imprint der Diplomica Verlag GmbH.

Bibliografische Information der Deutschen Nationalbibliothek:
Die Deutsche Nationalbibliothek verzeichnet diese Publikation in der Deutschen Nationalbibliografie; detaillierte bibliografische Daten sind im Internet über http://dnb.d-nb.de abrufbar.

© **SEVERUS Verlag**
http://www.severus-verlag.de, Hamburg 2010
Printed in Germany
Alle Rechte vorbehalten.

Der SEVERUS Verlag übernimmt keine juristische Verantwortung oder irgendeine Haftung für evtl. fehlerhafte Angaben und deren Folgen.

I.
PERSÖNLICHES.

Ganz unmerklich, sacht und langsam, aber unerbittlich, senken sich die Schatten des Alters über uns, und was vorgestern geschehen zu sein schien, das erkennt nachträgliche ruhige Besinnung als vor anderthalb Menschenaltern Erlebtes! Und so werden wir vielleicht auch, unmerklich, wie die Jugendzeit dahingeschwunden, unmerklich in die Grube sinken.

In solcher Betrachtung und stiller Sammlung eift die Erkenntnis, daß es hohe Zeit sein möchte, bevor der lange Winter über uns hereinbricht, aus dem Wust von tausend Nichtigkeiten einige wenige Ernte-Garben, in der Scheune geborgen, dem Gedenken Spätergeborener zu erhalten. Und so möge denn hier von den Jugenderinnerungen des Verfassers einiges aus den Gesprächen und dem Zusammenleben mit Anton Bruckner festgehalten werden, was vielleicht wert sein möchte, der Vergessenheit entrissen zu bleiben.

Ich lernte Bruckner im Sommer achtzehnhunderteinundachtzig durch meine Freunde, die Brüder Josef und Franz Schalk und Ferdinand Löwe kennen, die damals, Jünglinge wie ich selbst, Bruckners Schüler und täglicher Umgang waren, und, wie man weiß, später seine ersten Verkünder und Vorkämpfer geworden sind. Der Meister nahm mich sehr freundlich auf und zeigte mir bald eine herzliche Zuneigung, die sich vor allem dadurch äußerte, daß ich, wie einige andere Mitglieder unseres kleinen Kreises, von ihm einen Spitznamen erhielt, der mir bleiben sollte und bei dem ich nun stets angerufen wurde. Da ich nämlich damals außer einem Vollbart auch eine Mähne langer, struppiger Haare trug, nannte mich der Meister, mit Anspielung auf den Freischütz, stets „Samiel hilf!" oder auch kurzweg „Samiel" und ich besitze noch mancherlei Notizen und Karten von Bruckners Hand, wo ich als „Samiel" erscheine. So durfte ich nun durch viele Jahre fast täglich einige Stunden mit Bruckner verbringen und die Erinnerung an diese Zeit ist mir ein unverlierbares Gut geworden.

Eines Abends nun, auf dem Heimweg, da ich Bruckner auf seine Frage über meinen bisherigen Studiengang mitgeteilt, ich hätte, obwohl eigentlich Techniker von Beruf, Philosophie studiert, aber auch jahrelang Musiktheorie, insbesondere nach Bellermann und Sechter, getrieben, fand ich den Mut, meinen alten Wunsch und die inständige Bitte vorzubringen, von ihm als Privatschüler angenommen zu werden und insbesondere Kontrapunkt unter seiner Leitung arbeiten zu dürfen. Zu meiner größten Bestürzung lehnte Bruckner mein

Ansuchen auf das heftigste, schroffste und in einer fast beleidigenden Form ab, so daß ich nie wieder den Mut fand, auf diesen Gegenstand zurückzukommen. So vergingen viele Monate. Eines Nachmittags nun, da ich gerade planlos durch die Straßen der Inneren Stadt von Wien flanierte, hörte ich plötzlich Feuerlärm, Staubwolken stiegen auf und alles rannte in einer Richtung, der ich nun gleichfalls folgte. Eines der größten Theater von Wien, das Stadttheater, stand von oben bis unten in hellen Flammen, und schreckgebannt sah ich, wie Menschen und deren Habseligkeiten, Bilder, Möbel, Stoffe und Theaterdekorationen von den Feuerwehrleuten durch die wenigen noch gangbaren Fenster in größter Eile unsanft auf das Straßenpflaster befördert wurden.

Da ich nun, inmitten all des heillosen Lärms und Getümmels, umgeben von Rauch und Hitze, wie betäubt dastand, fühlte ich mich plötzlich von rückwärts heftig am Arm gepackt und gerüttelt; es war Bruckner, der blaß und erschreckt, lebhaft in mich einsprach, sich fest an mich klammerte und nicht vom Platze weichen wollte, ehe nicht der letzte Mensch geborgen und alles in Sicherheit wäre. Dann aber bemächtigte sich seiner, trotz seiner eisernen Konstitution, eine große Erschöpfung und wir zogen es vor, in einem benachbarten Café eine ruhige Ecke aufzusuchen, um uns von den Aufregungen einigermaßen zu erholen. Nach kurzer Zeit der Erfrischung, Ruhe und Sammlung wendete sich

Bruckner, indem er ein Blatt hervorzog, unvermutet mit der Frage an mich, ob ich im Lateinischen fest sei? Er habe zwar einst auch etwas Latein getrieben, vermöge aber doch so manches nicht zu übersetzen. Hierauf begann er nun die erste Zeile eines mir wohlbekannten Hymnus Bernhards von Clairvaux vorzulesen und sein Erstaunen war groß, als ich sogleich aus dem Gedächtnis die Fortsetzung bis zum Ende der letzten Strophe rezitierte. Ich mußte ihm haargenau berichten, woher ich diese Dichtung kannte, wie ich dazugekommen, sie im Gedächtnis zu behalten; und als ich ihm nun von meinem großen Interesse für die eigenartige Welt des lateinischen Kirchenliedes gesprochen, eine möglichst getreue Übersetzung jener Hymne zu Papier gebracht und über Bruckners Wunsch noch manches lateinische Lied auswendig vorgetragen, da war seines Erstaunens kein Ende. „Vor Monaten," sagte er dann nach kurzem Besinnen, „haben Sie mich einmal wegen Kontrapunkt-Unterrichts angegangen und ich wollte damals nichts davon wissen, weil ich den Zweck davon nicht recht einsehen konnte. Kommen Sie aber morgen Nachmittag in meine Wohnung, damit wir mit diesen Studien sogleich beginnen."

Und so wurde ich, zu meiner großen Freude und Genugtuung, schließlich doch Bruckners Privatschüler und später auch eine Art von freiwilligem Privatsekretär, der des Meisters weltliche Angelegenheiten ordnen und verwalten mithalf, ihn auf seinen Reisen begleitete, Korrespondenzen und gelegentlich auch Geldaffären erledigte, Verlagsverträge abschloß und Musikaufführungen zu arrangieren bemüht war.

Bruckner bewohnte damals in der Nähe des Schottenringes, in der Heßgasse, im obersten Stockwerk eine schöne, lichte und geräumige Wohnung, die ihm der Besitzer des Hauses, Herr v. Ötzelt, ein Musikenthusiast, in generöser Weise durch viele Jahre fast umsonst überlassen hatte.

Ach, wie zum Greifen deutlich steht jene Wohnung noch heute vor meiner Seele! Jenes vergitterte Vorzimmer mit den dunkelgrünen Vorhängen gegen das Treppenhaus und der großen blitzblanken Küche, die Bruckner wohl nie benützt hat; dann das hell getünchte eigentliche Arbeitszimmer gegen die Straße, mit dem mächtigen Pedalharmonium am Fensterpfeiler, das, stets geschlossen, nur als Büchergestell diente; denn ich kann mich nicht entsinnen, es je offen gesehen zu haben, noch weniger, daß Bruckner darauf gespielt hätte; dazu wäre vor allem die Herkulesarbeit erforderlich gewesen, die Bücher, Partituren und Notenberge abzuräumen, und dazu hat keiner von uns je die Energie aufgebracht.

Gegenüber, inmitten des Zimmers, der riesig lange, altväterische Bösendorfer-Flügel, mit dem spinettartig dünnen, etwas schwirrenden Ton, gleichfalls begraben unter Partituren, Haufen von Manuskripten, Notenpapier und -Blättern, bedeckt mit Skizzen und Ausarbeitungen. Wie oft hat er mir damals, wenn ich zu ihm kam, soeben Komponiertes, „die Tinte noch naß", vorgespielt, Teile aus dem „Te Deum" und der siebenten, später auch aus der achten Symphonie, an denen er zu jener Zeit gerade arbeitete. Sein Klavierspiel war höchst eigentümlich; er spielte mit sonderbar zittrigem Anschlag, und auch sonst schlug er Akkorde vielmals hintereinander an, wo eigentlich lang gehaltene Noten gemeint waren, auch hob er des öftern während des Partiturspieles einzelne Orchesterstimmen mit dünnem, bebenden Gesang höchst ausdrucksvoll und mit ergreifender Innigkeit hervor.

In der Mitte dieses Arbeitszimmers stand nun das kleine, bescheidene, dünnbeinige Tischchen, mit grüner Ölfarbe gestrichen, die Kanten abgewetzt, über und über mit Tinte bespritzt, an dem Bruckner täglich viele Stunden, oft bis tief in die Nacht hinein, arbeitete und wo er auch Unterricht erteilte, der Schüler ihm gegenüber, beflissen, die ihm gestellten Aufgaben zu lösen, um sie dann, von des Meisters Hand auf das sorgfältigste durchkorrigiert, wieder zurückzuerhalten. Hierbei wurden zumeist alle nur irgend denkbaren Bearbeitungen einer Aufgabe, zunächst im strengen Satz, mit eindringender Genauigkeit erörtert und schließlich auch ganz freie Behandlungsweisen sorgfältig erwogen. Es ist hier nicht der Ort, auf Bruckners musiktheoretisches Lehrsystem und seine Ansichten hierüber des näheren einzugehen. Dies kann vielleicht später einmal, in einer besonderen Arbeit, mit aller erforderlichen Ausführlichkeit geschehen: hier wird es genügen, wenn ich mich im nachfolgenden darüber ganz kurz fasse.

An Bruckners Arbeitszimmer grenzte unmittelbar das Schlafzimmer, in dem sich außer seinem Bett keinerlei Einrichtung befand. Der Fußboden war mit braunem Emaillack gestrichen und die Wände tief ultramarinblau, eine Zusammenstellung, die ich später nur mehr in skandinavischen und russischen Bauernstuben angetroffen habe. Auf dem Fußboden waren ringsum, die Wände entlang, hohe Stöße von Musikalien, Notenpapier, Entwürfen, Büchern, Briefschaften und ähnlichem aufgetürmt und gar oft mußte ich, wenn irgend eine Skizze, ein Brief oder ein wichtiges Dokument abhanden gekommen war, die längste Zeit auf allen vieren am Boden herumkriechen, um das Gesuchte zu finden. Allerdings erhielt ich von Bruckner dann für meine Mühewaltung auch reichliche Entschädigung: manchmal in der Gestalt eines mir verehrten Original-Manuskriptes von seiner Hand, dann wieder einmal einer Extra-Lektion, meist über ein sonst nicht berührtes, verborgeneres Kapitel der Musiktheorie, über Feinheiten der Instrumentation oder des a-cappella-Satzes. Und so bin ich auch zu dem Manuskript jenes Begräbnisgesanges gekommen, der, bisher noch nicht veröffentlicht, hier im Anhange mitgeteilt wird. Leider habe ich es damals verabsäumt, den Meister über die Vorgeschichte dieses Chorsatzes zu befragen und mir darüber Aufzeichnungen zu machen, doch dürfte diese kleine Komposition mit dem von Franz Gräflinger in seiner Bruckner-Biographie zitierten „Grabgesang" aus dem Jahre 1861 identisch sein, der bei Gelegenheit der Beerdigung der Kaufmannswitwe Josefa Hafferl von der Liedertafel „Frohsinn" in Linz gesungen worden ist.

Von Bruckners Schlafzimmer zu seinem Arbeitsraum stand die zweiflügelige Verbindungstür stets weit offen und bei meinen Arbeiten an dem kleinen Tischchen hatte ich immer den Ausblick auf die himmelblauen Wände des Nebenzimmers und auf Bruckners große silberne Schnupftabakdose, die zwischen uns auf dem grünen Tischchen ruhte und aus der ich immer wieder eine volle Prise „zu meiner Stärkung" nehmen mußte. Meine, von Bruckners Hand korrigierten und mit vielen Randnoten versehenen Studienhefte aus jenen Tagen weisen noch heute mancherlei Schnupftabakspuren, insbesondere seines Daumenabdruckes auf, die ein völlig zureichendes daktyloskopisches Signalement des Meisters zu geben vermöchten.

Bruckner hatte mir nun allerdings Kontrapunktlektionen versprochen, riet mir aber dann lächelnd, vorher doch noch eine Zeitlang Harmonielehre mit ihm zu betreiben, gleichzeitig aber auch seinen Vorlesungen an der Wiener

Universität über diesen Gegenstand beizuwohnen, und dies habe ich mir begreiflicherweise nicht zweimal sagen lassen. Aus der angekündigten kursorischen Wiederholung der gesamten Harmonielehre wurden jedoch zwei volle Jahre angestrengter Arbeit! Im Anfang war ich wohl einigermaßen enttäuscht; bald aber lernte ich erkennen, wie richtig dieser Lehrgang war, und ich verdanke die meiste Belehrung gerade diesen zwei Jahren des strengen Harmonieunterrichtes. Hatte doch der Meister selbst bei Simon Sechter, trotz seiner bereits erreichten überragenden Kompositionstechnik, gleichfalls mehrere Jahre hindurch ausschließlich Harmonielehre und Generalbaß- sowie Kontinuo- und Begleitungsübungen treiben müssen, ehe er zu den, wiederum jahrelangen, Studien über Kontrapunkt, Fugen und Kanons zugelassen worden, und hierauf erst sei die freie Improvisation von Meisterfugen und Kanons auf dem Instrument, nach vorgegebenen Themen, ganz im Sinne der großen alten Schule, geübt worden.

Wir betrieben also ein volles Jahr lang Diatonik, zuerst in Dur und dann in Moll, wobei immer die „erhöhten" sechsten und siebenten Stufen der aufsteigenden Mollskala, im Gegensatz zu den „natürlichen", also nicht erhöhten, der absteigenden Tonleitern zur Harmonisierung sinngemäß herangezogen und verwendet werden mußten; dies ergab nun viele sehr merkwürdige, oft ganz neu- und fremdartige Zusammenklänge und dadurch wurden wir dann von selbst in das Gebiet der Chromatik hinübergeleitet. Ein besonderes Augenmerk galt dabei stets der Behandlung der Quarte und des Quartsextakkordes sowie der Vier- und Fünfklänge und dem fünfstimmigen Satz, insbesondere aber, ganz im Geiste Sechters, der Kadenzierung in Vier- nnd Fünfklang-Sequenzen, wobei die alte Theorie der Fundamental-Bässe und -Schritte stets als Grundlage zu gelten hatte.

Eine Eigentümlichkeit dieses Lehrsystems bildet insbesondere die auf Marpurg zurückweisende Theorie der „Zwischenfundamente", die, obwohl stets unhörbar, dennoch gleichsam als der hinter der Szene agierende Spiritus rector, der Stimmführung dennoch eine tiefere Logik verliehen und insbesondere bei schwierigeren Akkordverbindungen, als stets verläßlicher Wegweiser, unschätzbare Dienste zu leisten vermochten. Dann folgte ein volles Jahr der Übungen in der Modulation und im chromatischen Harmoniesatz, sowohl in Dur als auch in Moll, hierauf etwa ein halbes Jahr der verschiedentlichsten Harmonisierungen gegebener Melodien; und erst nach all diesen Vorstudien pflegte Bruckner seine Schüler durch mehrere Jahre im einfachen, doppelten und mehrfachen Kontrapunkt, immer im Zusammenhang mit der Bewegung der Fundamentalbässe und der melodischen und harmonischen Chromatik, in Dur und Moll, wie auch in den Kirchentönen, mit eindringender Gründlichkeit zu unterweisen.

Wie schon erwähnt, hatte ich während jener theoretischen Studien fortlaufend die Angelegenheiten des Meisters im Auge zu behalten. Da sich für die Symphonien, von der dritten, bei Th. Rättig erschienenen, abgesehen, noch immer kein Verleger finden wollte, entschlossen wir uns, es mit einer hektographischen Reproduktion zu versuchen, deren Kosten ich gern auf mich nahm. Wir engagierten also einen tüchtigen Kopisten aus dem Opern-Orchester, der zunächst das Manuskript von Schalks Klavierauszug der vierten Symphonie kalligraphisch für den Hektographenapparat abschreiben sollte. Leider aber sahen die Abzüge so elend aus, daß wir die geplante Vervielfältigung alsbald wieder fallen lassen mußten. Dann unterhandelte ich mit Th. Rättig wegen der Drucklegung des „Te Deum", wobei ich mich glücklich schätzte, die Kosten großenteils auf mich nehmen zu können, nachdem der Verleger dies ausdrücklich zur Bedingung gemacht hatte. Die Vollmachtserklärung, die mir Bruckner damals erteilt hat, erscheint wohl interessant genug, um sie hier in photographisch getreuem Abdruck mitzuteilen (vgl. S. 15).

Zu jener Zeit hatte Bruckner auch vereinzelte kleinere Kirchenchöre geschrieben, deren Manuskripte er mir zum Geschenk machte, weil ich ihre Drucklegung beim Verlag Wetzler durchgeführt hatte. Einen dieser kleinen Chöre jedoch, ein „Tantum ergo" hatte er für die bekannte Caecilianer-Zeitschrift „Musica Sacra" in Regensburg bestimmt, nachdem deren Herausgeber, der angesehene Kirchenkomponist und Musikgelehrte, Kanonikus Dr. Franz X. Witt, wiederholt um einen Beitrag gebeten hatte. Ich war gerade anwesend, als der Postbote mit dem gedruckten Belegexemplar jenes Chores erschien. Bruckner sah es rasch durch und stieß einen Schrei der Wut aus. Witt hatte nämlich, ohne Bruckner vorher zu befragen oder auch nur eine Korrektur einzusenden, aus eigener Machtvollkommenheit an dem Schluß-„Amen" eine Abänderung vorgenommen, und das „h" des Alt, die frei eintretende Non, in die gänzlich harmlose Oktave „a" verwandelt, offenbar, weil ihm jene Non als eine unbegreifliche Kühnheit und im a-cappella-Satz unmöglich erschienen war. Bruckner hingegen, der gerade auf diesen Einsatz besonderen Wert gelegt hatte, war im höchsten Maße aufgebracht, nahm das Notenblatt, radierte sogleich in meiner Gegenwart jenes „a" aus und verwandelte es mit Tinte und Feder wieder in das „h" zurück, das es ursprünglich gewesen, worauf er mir das Blatt zum Andenken überreichte.

Ich füge dieses „zurückkorrigierte" „Tantum ergo" hier gleichfalls bei, nicht allein weil das Stück wertvoll ist, sondern auch weil darin Bruckners Vorliebe für die große None, ebenso wie in seinen größeren Schöpfungen, bemerkbar wird (vgl. S. 17).

Ich ermächtige hiermit meinen
lieben Freund Director
Friedrich Eckstein hinsichtl[ich]
des Verlages meines Te
Deums sammt sich... ...
... ...
Gutdünken zu entsprech-
nen.

Wien 20.
Mai 885.   A Bruckner.

Hatte er mich doch auch immer wieder auf jene Stelle am Schlusse der „Götterdämmerung" aufmerksam gemacht, wo bei Brunhildens Worten: „Ruhe, ruhe, Du Gott!" die frei eintretende große None sogar mit ihrem Auflösungston zugleich erklingt; und von welcher erschütternden Gewalt ist doch die kühne Stimmkreuzung am Schlusse seines „Te Deum", in der „Fuge": „In Te Domine speravi", wo bei den Worten: „in aeternum" die Non „cis" im zweiten Tenor sprungweise erreicht und ebenfalls mit ihrem Auflösungston zugleich gehört wird; und gerade dieser Zusammenklang bedingt den unvergleichlichen, überschwenglichen Jubel dieser Steigerung.

Daß nun Bruckner, nach dem Zwischenfall mit Dr. Witt, der „Musica Sacra" keinen Beitrag mehr geschickt hat, wird man begreiflich finden; ob er überhaupt geantwortet hat, ist mir nicht mehr erinnerlich.

Da ich den Meister oft zu Spaziergängen oder auch abends zum Besuch eines Gasthauses abholen sollte, fand sich immer wieder Gelegenheit zu Gesprächen, nicht allein über Musik, sondern auch über vielerlei Angelegenheiten, die ihn damals gerade bewegten. Es scheint, daß es insbesondere zwei spezifisch österreichische Ereignisse waren, die in ihm tiefe Spuren hinterlassen hatten und in seinem Seelenleben eine besondere Rolle zu spielen schienen: die Hinrichtung des Kaisers Max in Mexiko und die österreichische Nordpol-Expedition, und er

Tantum ergo.

v. Prof. Ant. Bruckner,
k. k. Hoforganisten in Wien.

interessierte sich in diesem Zusammenhang mit schier unbegreiflichem Eifer für jedes kleinste Detail, das sich nicht allein auf jene Vorgänge, sondern auch auf alle geographischen Verhältnisse jener Länder bezog. Mit wahrem Heißhunger hatte er alles gelesen und verschlungen, was er irgendwie über Land und Leute von Mexiko und dessen Geschichte, oder über die Polarregionen und die Expeditionen dahin erlangen konnte und, ganz im Gegensatz zu seinem sonst so geringen Interesse für Politik, Geschichte, Geographie oder sonstige Wissenschaften, zeigte er eine geradezu verblüffende Detailkenntnis jener beiden Gebiete, erzählte immer wieder, nicht ohne Zeichen innerer Erregung, von den Eisfeldern Grönlands und Nowaja Semljas und dann wieder von der Verfassung Mexikos und dessen politischen Zuständen, und manchmal, nachdem er in ein längeres Schweigen und nachdenkliches Sinnen versunken gewesen, hörte ich ihn aufseufzen mit den Worten: „Ja, der Diaz!" wobei er sich nicht nehmen ließ, den Namen Diaz stets mit einem z am Ende auszusprechen.

Eine unserer täglichen Sorgen bildete damals auch das Schicksal seines schon 1879 komponierten Streichquintetts, das noch immer eines Verlegers und der Aufführung harrte. Nachdem viele Versuche, in Wien etwas zu erreichen, fehlgeschlagen, nahm Bruckner mit größter Begeisterung und Hoffnungsfreudigkeit ein Angebot Hans Richters an, die Manuskriptpartitur dieses Werkes nach England mitzunehmen, um es dort, in London oder Manchester, aufzuführen oder aber in Druck legen zu lassen. Richter blieb lange aus und wir warteten die ganze Zeit mit angespannter Erwartung auf irgend eine günstige Nachricht; leider ganz vergeblich. Endlich kehrte er unverrichteter Dinge und ohne das Manuskript zurück, das wenigstens für die nächste Saison dort bleiben sollte. So verging wieder eine endlose Zeit, und als wir schließlich zu der traurigen Überzeugung gelangt waren, daß auch von dieser Seite nichts zu erwarten sei, entschloß sich Bruckner, das Manuskript, von dem er höchst unvorsichtigerweise keine Kopie behalten hatte, zurückzuverlangen. Es traf denn auch schließlich ein, aber, o Schrecken! — ohne jenes „Intermezzo", das an Stelle des ursprünglichen Scherzo später dazukomponiert worden war. Bruckners Verzweiflung war unbeschreiblich, umsomehr, als sich, trotz allen Hin- und Herkorrespondierens, dieser Satz nicht finden wollte und daher als unwiederbringlich verloren gelten mußte. Erst nach vielen Monaten fand sich das kostbare Manuskript durch einen bloßen Zufall in der Wohnung von Richters Londoner Freund Francke, gelangte endlich nach langer Irrfahrt in Bruckners Hände zurück, und nun erst wurde das Quintett, jedoch ohne jenes „Intermezzo" und mit dem alten Scherzo, von den Mitgliedern des vortrefflichen Winckler-Quartettes einstudiert und aufgeführt. Bald darauf ist das

Werk im Verlage von Gutmann in Wien erschienen.

Auch das „Te Deum" hielt uns zu jener Zeit ganz in Atem. Es war eine Aufführung, vorläufig ohne Orchester, bloß mit Klavierbegleitung, im Wiener Akademischen Wagnerverein geplant und der Meister leitete persönlich die vielen Proben, die Eduard Schütt, der ständige Dirigent jenes Chores, vorbereitet hatte. Ich selbst sang damals, ebenso wie meine Schwester, mit größtem Enthusiasmus im Chor mit und wir erlebten die große Freude und Genugtuung, dieses herrliche Werk schließlich nach unendlichen Mühen unter des Meisters eigener Leitung, wenn auch ohne Orchester, dem Wiener Publikum in einer mustergültigen Aufführung darbieten zu können!

Zu den Angelegenheiten, die Bruckner damals auch ständig beschäftigten, gehörte der Dienst in der Hofkapelle, wo er als Hoforganist tätig war und zumeist Samstag abends, mitunter aber auch Sonntag vormittags die Orgel zu spielen hatte. Nachher trafen wir uns gewöhnlich in dem nahegelegenen Café Griensteidel. Man weiß, daß Bruckner ein gewaltiger Orgelspieler war und daß seine Improvisationen auf diesem Instrument, bei denen er mitunter die kühnsten Fugensätze, ja Doppelfugen aus dem Stegreif zu spielen vermochte, in ihrer Art einzig waren und nie mehr übertroffen worden sind. Auf dieses Orgelspiel war denn auch, wie er selbst mir einmal angedeutet hat, die für seine ganze

Erscheinung charakteristische Kleidung zurückzuführen, denn er trug, wie ein Bergführer, stets sehr kurze, schwarze, nur bis an die Knöchel reichende, überaus weite Beinkleider aus steifem, hausgesponnenen Lodenstoff, den er stets aus seiner oberösterreichischen Heimat bezog, weil er sich so, insbesondere beim Pedalspiel, genügend frei und ungehemmt bewegen konnte. Aus dem gleichen Stoff waren auch Rock und Weste sowie auch der ebenso brettartig steife Überrock, der mit dem breiten schwarzen Schlapphut über dem stets glattrasierten mächtigen Römerschädel mit der gewaltigen Hakennase, einen einzigartigen Anblick gewährte, so daß er damals, wenn er durch die Straßen dahinschritt, wie ein Wahrzeichen der Stadt Wien wirkte. Ich habe den Meister oftmals die Orgel spielen gehört, nicht allein in Wien auf verschiedenen Instrumenten, in der Hofkapelle, im Konservatorium und im Bösendorfer-Saale auf einer dort vorübergehend aufgestellten trefflichen Orgel, sondern auch in Graz und, gelegentlich unserer herrlichen Schlittenfahrten, auch in Heiligenkreuz und Klosterneuburg, und der Eindruck, den ich davon erhielt, war immer aufs neue ganz überwältigend.

Überhaupt gehören jene Winterausflüge zu meinen schönsten Erinnerungen und ich werde nie vergessen, wie wir einmal bei tiefem Schnee und grimmiger Kälte, inmitten heftigen Schneegestöbers, im Schlitten eng aneinandergepreßt und in Pelze verwahrt, an den letzten Häusern von Heiligenstadt vorbeiglitten und eine Krähe mit ausgebreiteten Schwingen, tief herabfliegend, unsere Bahn kreuzte, worauf Bruckner, sich zu mir herüberneigend, mir den Anfang jenes unvergänglichen Schubertliedes, „Eine Krähe war mit mir aus der Stadt gezogen", mit leiser schmerzbewegter Stimme ins Ohr sang.

Eine besondere Zeit war dann immer die Kar- und Osterwoche mit ihren erhöhten Anforderungen an den Dienst in der Hofkapelle sowie auch die der vorausgehenden Fasten. Zwar hatte Bruckner, wie er mir öfters mitteilte, vom Erzbischof einen besonderen „Generaldispens" für alle Fasttage des Jahres erhalten, machte davon aber nur im Krankheitsfalle Gebrauch. Man weiß ja, daß er stets ein strenggläubiger Katholik geblieben ist und diese Lebenshaltung hing sicherlich mit den Eindrücken seiner Kindheit und Jugend eng zusammen. Oft und gern erzählte er mir dann auch von den Erlebnissen jener frühen Zeit; wie er damals oft harte Not gelitten und als ganz junger Mensch gezwungen war, nicht allein beim Unterricht in der Dorfschule auszuhelfen, sondern auch gegen Bezahlung eines „Silberzwanzigers", also von etwa fünfzig Hellern, den Bauern von Windhag im Wirtshaus nächtelang auf der Geige zum Tanze aufzuspielen.

Und dann wieder sprach er mir von dem herrlichen Stift Sankt Florian bei Linz, wo er so oft die mächtige Orgel gespielt, unter der er jetzt begraben liegt, und von seinem Verkehr mit den Geistlichen dort, deren er so viele zu seinen vertrauten Freunden rechnete. Und von der stillen Sammlung der Fasten- und Osterzeit sprach er manchmal und den Schauern der Karfreitagsliturgie und von dem Mysterium der Nacht vom Gründonnerstag auf den Karfreitag, wo das geheimnisvolle Umschlagen aus hoffnungsvollem Frühlingssehnen in die düstere Leidenswelt der Kreuzigung ganz dämmerhaft hervortritt. In jener Gründonnerstag-Karfreitagnacht wird zumeist der wundervolle Chorsatz von Jacobus Gallus gesungen: „Ecce, quomodo moritur justus et nemo percipit corde" — „Siehe, wie der Gerechte dahinfährt, und da ist Keiner, der es sich zu Herzen nimmt".

Wenn Bruckner, in seltenen Augenblicken, auf diese Dinge zu sprechen kam, dann wurde sein Gesicht schmäler und nahm einen eigenen, ganz veränderten Ausdruck von Furcht und schmerzlicher Entzückung an; er sprach mit gedämpfter Stimme, glänzenden Augen, hochgezogenen Brauen und die Rechte feierlich erhoben, Daumen und Zeigefinger geschlossen, die anderen Finger weggespreizt, so wie etwa Giotto einst seine erleuchteten Greise gemalt, die von Gott Zeugnis gegeben.

Und heute noch, nach so vielen Jahren, da von unserem damaligen Freundeskreise die Mehrzahl Bruckner schon längst ins Grab gefolgt ist, wenn ich eines jener unvergleichlichen Adagio-Gebete wiedererlebe oder aus einer seiner

Symphonien oder Messen mir die erschütternden Seufzer einer klagenden Geigenfigur entgegentreten, dann ist es dieses Bild des Meisters, das machtvoll vor meinem inneren Gesicht aufsteigt und mir Sicherheit und Tröstung gewährt inmitten alles widrigen Streites und der Sorgen des Alltags, die keinem von uns erspart bleiben.

II.
BRUCKNER ALS LEHRER.

In den nachfolgenden Zeilen möchte ich nun, gestützt auf mein sorgfältig bewahrtes umfangreiches, von Bruckners Hand mit vielen Randbemerkungen und Korrekturen versehenes Studienmaterial und auf sonstige schriftliche Aufzeichnungen aus jener Zeit, versuchen, des Meisters musiktheoretische Ansichten und sein Lehrsystem in einer ganz kurzen Übersicht darzustellen, was bei der Größe und Schwierigkeit des Gegenstandes sicherlich keine ganz einfache Sache ist.

Wie schon erwähnt, ist Bruckner in allen wesentlichen Stücken ein Schüler und getreuer Anhänger Simon Sechters gewesen, dessen System nun wieder auf Kirnberger, Marpurg und schließlich auf Jean Philippe Rameaus grundlegende und bedeutungsvolle Errungenschaften zurückweist.

Die Theorie der Fundamentaltöne.

Während nämlich die Theoretiker vor Rameau alle Harmonien stets einzig und allein auf den, als „Generalbaß" bezeichneten und entsprechend bezifferten Grundbaß, gleichsam als auf ein festes Koordinatensystem, bezogen hatten, dessen einzelne Noten als die „Grundtöne" jener Akkorde bezeichnet wurden, hat Rameau zuerst diese Baß-Stimme in ihrem Verhältnis zum eigentlichen Gang der Harmonien als ebenso zufällig erkannt wie etwa den Diskant oder den Alt. Dagegen seien die Akkorde selbst keinesfalls jene Zufallsgebilde im Gefolge des gelegentlichen Zusammenklingens einzelner Stimmen, als welche sie von den alten Kontrapunktikern in einseitiger Weise hingestellt worden: sie sind vielmehr durchaus ursprüngliche und individuelle Naturprodukte, die jederzeit von selbst auftauchen, sobald die Bedingungen dafür gegeben sind, also die „Klänge", der Akustiker und diese sind die Antwort, das „Echo", daß die Natur selbst, nach ihren ewigen Gesetzen uns zurückgibt, wann immer wir einen einzelnen Ton anschlagen: solche Klänge erscheinen als das gleichzeitige Mittönen der Ober- und Partialtöne und wir vernehmen sie in der Reihenfolge der „Naturtöne" unserer Blasinstrumente.

Diese wichtige Tatsache muß man sich stets vor Augen halten, will man hinsichtlich des alten Streites über die Priorität von Melodie oder Harmonie Klarheit gewinnen. Rameau hatte eben schon mit voller Sicherheit erkannt, daß alle Harmonien und Akkorde ursprünglich nichts anders sind als solche „Klänge", hervorgegangen aus einem sie erzeugenden gemeinsamen Generator-Ton als ihrer Quelle, und er bezeichnete diesen als „Basse fondamentale".

Das wahre Verständnis für die Bewegung und Fortschreitung der Harmonien hängt also durchaus ab von der Kenntnis des Ganges jener Fundamentalbässe, die keineswegs mit den „Grundtönen" der Generalbaß-Lehrer verwechselt werden dürfen, häufig gar nicht im Baß, ja mitunter in der realen, erklingenden Harmonie überhaupt gar nicht hörbar werden. Jene Fundamentalbässe spielen also eine bedeutungsvolle Rolle für die richtige Beurteilung der Akkorde selbst und zugleich auch für die musikalische Logik des Satzes: sie sind dessen eigentliches konstitutives Prinzip, das eben aus dem Generalbaß kaum ersichtlich ist. Im Zusammenhang hiermit hatte Rameau aber auch schon mit großem Scharfblick erkannt, daß nicht die Harmonien aus den Melodien abzuleiten sind, sondern umgekehrt, die Melodien aus der Harmonie, „la melodie naît de l'harmonie", daß also eine Melodie ohne eine ihr zum Grunde liegende Harmonie oder Akkordverbindung, gar keinen musikalischen Sinn und Gehalt haben könne; und in diesem Zusammenhange erscheint uns in der Tat die gesamte Entwicklung der kontrapunktischen Technik als ein unbewußtes Hinzielen auf die Harmonik, von der alle die vielen vereinzelten und oft recht verwickelten Hausregeln des einfachen und doppelten Kontrapunkts nur historisch zu begreifende Vorstufen darstellen.

Die Fundamentalschritte.

Eine andere wichtige Neuerung verdanken wir gleichfalls Rameau, und das ist die getrennte Behandlung der aufwärts gehenden und der absteigenden Mollskala, von der noch des Näheren gesprochen werden soll. Diese Grundgedanken hatte sich nun Sechter zu eigen gemacht, obwohl ihm ihre ursprüngliche Provenienz wahrscheinlich unbekannt geblieben war, und er hatte sie in seinem 1853 in Leipzig erschienenen dreibändigen Hauptwerk: „Die Grundsätze der musikalischen Komposition" mit außerordentlicher Gründlichkeit durchgeführt, dabei aber sein System noch durch einige wichtige neue Gedanken wesentlich ergänzt und bereichert. Der Umstand nämlich, daß die Fundamentaltöne der von Rameau gleichfalls schon richtig gewürdigten drei Hauptakkorde unserer Skalen, jenen der Dominante, der Tonika und der Unterdominante, aus deren Gegenüberstellung die vollständige Kadenz hervorgeht, zu einander im Verhältnis von reinen Quinten stehen, deren Abfolge zwei authentische Schlußfälle bildet, legte nun Sechter den Gedanken nahe, diese elementare Ur-Bewegung des Fundamentes um einen Quintensprung nach abwärts, noch weiterzuführen und die ganze diatonische Skala der Basses fondamentales in einer Sequenzenkette solcher Sprünge zu durchlaufen, indem er, etwa mit der Dominante beginnend, zunächst die Tonika und die Unterdominante folgen läßt, hierauf die siebente Stufe der Skala und so fort, immer quintenweise fallend, bis zur Dominante und dem Abschluß in der Tonika, „wie Wasser von Klippe zu Klippe geworfen":

Hierbei ergibt sich n..... allerdings, daß diese „Fundamentalschritte" keineswegs immer reine Quinten sind, wie dies bei der Abfolge: Dominante — Tonika — Subdominante der Fall gewesen, daß vielmehr einer von ihnen vermindert und der andere „unrein" ist; da nun aber, wie Fétis zuerst hervorgehoben hatte, innerhalb der Sequenz das melodische Prinzip über das harmonische den Sieg davonträgt, so werden diese ungleichen Quinten, im Gefolge der vorausgegangenen reinen, dennoch im Sinne von authentischen Schlußfällen aufgefaßt und es erscheint daher ein so gebauter Satz als eine einzige, weit ausholende Kadenz.

Bruckner ist nun Sechter hierin durchaus gefolgt und er hat seinen Schülern jene quintenweise Zerlegung der Tonleiter immer wieder als eine der Grundlagen der Harmonielehre eingeschärft.

Sechter, und ihm nachfolgend Bruckner, bezeichnete solche Quintschritte des Fundamentes, sei es nach abwärts (Quint-Fallen):

sei es nach aufwärts (Quint-Steigen):

als „ganze" Fundamentalschritte.

Zu diesen einfachen Notenspielen, ebenso wie zu den noch folgenden, ist zu bemerken, daß in ihnen, nach Bruckners Vorgang, die Fundamentaltöne stets unter der Baßstimme in ungestielten schwarzen Notenköpfen angegeben sind. Bruckner hat nicht allein bei seinen Schülern, auch bei solchen, die im Kontrapunkt schon weit vorgeschritten waren, strenge auf diese Art der Notierung gehalten, ich habe sogar des öfteren gesehen, daß er selbst in seinen eigenen Partituren, während er an diesen arbeitete, nicht allein die Takte der Perioden numerierte, sondern mitunter auch die Fundamentaltöne, sei es in solchen schwarzen Notenköpfen, sei es mit Hilfe von Buchstaben, notierte.

Bei der Bewegung der Fundamente ist nun aber auch der Fall denkbar, daß ein solcher Quintenschritt des Fundaments nicht auf einmal, sondern gleichsam in zwei Absätzen getan wird, und dieser Vorgang ergab die „halben" Schritte: „Terz-Fallen":

und „Terz-Steigen" des Fundamentes:

Schließlich galt es jetzt noch, da auf jeder Stufe der Tonleiter ein eigener und selbständiger Akkord stehen sollte, auch den Fall der stufenweisen Aufeinanderfolge von Harmonien zu behandeln und deren richtige Verbindung aus einem allgemeinen Prinzip abzuleiten, und hier bediente sich Sechter der schon von Marpurg, wenn auch in etwas anderer Art, eingeführten unhörbaren „Zwischen-Fundamente", indem er nämlich zwischen die beiden einander stufenweise folgenden Fundamentaltöne einen neuen, ideellen, und unhörbar bleibenden derart einschob, daß von ihm aus nunmehr ein authentischer Quintfall erfolgen kann; bei „Stufe-

Steigen" des Fundaments also ein um eine Terz unterhalb des ersten stehendes:

und bei „Stufe-Fallen" ein um eine Quint tiefer liegendes Fundament:

Indem nun die einzelnen Töne des ersten Akkords auf jenes unhörbare ideelle Zwischenfundament, das ganz den Charakter einer Hilfskonstruktion hat, so bezogen werden, „als ob" dieses hörbar wäre, werden natürlicherweise manche von ihnen, die auf dem ersten Fundament konsonant gewesen, nun vorübergehend, wenn auch nur der Idee nach, zu Dissonanzen, und sollen nun, wenigstens nach Tunlichkeit, wie solche behandelt werden. Man wird sich leicht überzeugen, daß die Fälle, wo diese Regel strikte eingehalten werden kann, nicht allzu häufig sind, aber sie gibt immer eine Richtschnur für die beste Stimmführung, die unter den gegebenen Umständen überhaupt möglich ist. Darum hat Bruckner auf diese Theorie der Zwischenfundamente stets ganz besonderen Wert gelegt und oft hat er mir auseinandergesetzt, wie erst durch ihre Einführung der verborgene

Inhalt so mancher Harmonieverbindungen sich zu offenbaren vermöge.

Von Sechters Schülern war es nun keineswegs Bruckner allein, der mit den übrigen Grundgedanken auch jene „Geheimlehre" der Zwischenfundamente übernommen hatte; auch Karl Mayrberger, Domkapellmeister in Preßburg, war in seinem 1878 in Preßburg erschienenen, leider unvollständig gebliebenen „Lehrbuch der musikalischen Harmonik" die gleichen Wege gegangen und hatte nicht allein Sechters Fundamentaltheorie, sondern auch die der Zwischenfundamente akzeptiert. In einer Arbeit über die Harmonik Richard Wagners war nun von Mayrberger der Versuch gemacht worden, die Akkordbildungen des „Tristan" mit Zugrundelegung jener erwähnten Hilfskonstruktion und einer hieraus abgeleiteten neuen Theorie der „harmonischen Ellipsis" zu deuten und er hatte dabei Wagners enthusiastische Zustimmung gefunden, der, nach Hans v. Wolzogens Mitteilung, „mit Freude in dem ihm bisher fremd gebliebenen Manne aus dem fernen Ungarn den längst erwarteten Theoretiker" gefunden zu haben glaubte.

Hauptakkorde und reine Stimmung.

Die Musiktheorie von heute läßt nun vor all den Harmonien über den Stufen der Tonleiter nur mehr die drei „Hauptakkorde" Rameaus: Tonika, Dominante und Subdominante als selbstständige Klänge gelten und sieht alle übrigen durch Terzen-Aufbau über den anderen Stufen gewonnenen Akkorde als uneigentliche und aus den genannten drei Hauptakkorden abgeleitete Harmonien an. War nun auch diese neuere Auffassung, die allerdings eine überraschende Vereinfachung des gesamten Tonsystems bedeutet und mit einem Schlage mit vielen von den Inkonsequenzen und Schwierigkeiten der älteren Lehre aufräumt, zur Zeit, da Bruckner seine theoretischen Studien betrieben, noch unbekannt, so habe ich doch gefunden, daß er, bei allem Festhalten an Sechters Sequenzenschema der Quintenfall-Ketten, sich dennoch schon aus eigenem zu jener modernen Auffassung, wenigstens teilweise, durchgerungen hatte. Dies zeigte sich vor allem schon dadurch, daß er, ganz im Sinne Rameaus, von dessen theoretischem Wirken übrigens auch er sicherlich keine Kenntnis hatte, den Drei- und Vierklang der siebenten Stufe der Durtonleiter und der aufsteigenden Mollskala, als unvollkommene Akkorde ansah, die eigentlich Dominant-Harmonien mit hinweggelassenem Fundamentston seien. Sechter hatte sie als „Stellvertreter" der Dominant-Akkorde bezeichnet. Dazu kam nun ausserdem noch, daß er auch die Drei- und Vierklänge über der zweiten Stufe, schon wegen der in ihnen auftretenden „unreinen", also eigentlich dissonierenden Quinte, unter Umständen gleichfalls als eine unvollständige Dominant-Harmonie betrachtete, in diesem Falle allerdings im Gegensatz zur heutigen Ansicht, derzufolge jene Harmonien der Unterdominante angehören sollen. Welche von diesen beiden Auffassungen nun die richtige ist, kann hier nicht weiter untersucht werden; die Beurteilung wird vor allem davon abhängen, ob man die Terz jener zweiten Durstufe als die reine Quarte der Tonika, oder aber als die natürliche Septime der Dominante betrachtet. Daß ferner der Akkord über der sechsten Stufe, wenn er im „Trugschluß" auftritt, wie ebenfalls Rameau schon erkannt hatte, eigentlich eine durch einen klangfremden Skalenton gestörte Tonika-Harmonie ist, war Bruckner natürlicherweise gleichfalls durchaus geläufig, dies hinderte ihn aber nicht, diesen Akkord trozdem, weil er eine reine Quinte und eine richtige Mollterz hat und da er ausserdem tonischer Dreiklang der Paralleltonart ist, als ein selbstständiges Gebilde anzusehen. Gefolgt von der Harmonie der zweiten Stufe, führt er über die Dominante zum Schluss in der Tonika:

Mit Vierklängen:

Jener Drei- und Vierklang über der zweiten Dur-Stufe erlangte solcherart eine besondere und erhöhte Bedeutung als wichtiges Hilfsmittel der Kadenzierung und der Modulation. Wie schon erwähnt, ist die Quinte über der zweiten Dur-Stufe „unrein" oder, wie Bruckner auch zu sagen pflegte, „mathematische Dissonanz", die um etwa ein Neuntel eines Ganztones kleiner sei als die reine Quinte. Darum müsse sie auch im reinen, strengen Satz stets vorbereitet und wie eine Dissonanz, womöglich stufenweise nach abwärts, aufgelöst werden, wodurch nun aber die gesamte Stimmführung wesentlich beeinflußt wird. Tatsächlich zeigt eine ganz einfache Rechnung, daß der Unterschied zwischen jener „unreinen" Quinte und der reinen ein „syntonisches Komma" oder $\frac{81}{80}$ beträgt, ein Intervall, das noch ganz deutlich hörbar ist und von einem guten Geiger auch mit Sicherheit gegriffen wird. Moritz Hauptmann, zweifellos einer der bedeutendsten Musiktheoretiker, hat in seiner Abhandlung über die „Natur der Harmonik und der Metrik" zwischen der durch Fortschreiten in einem „Quintenzirkel" von reinen Quinten gewonnenen Tonreihe, dem Quintengeschlecht, und dem aus einer Folge von Natur-Terzen hervorgehenden Terzengeschlecht streng unterschieden, und die der einen Reihe angehörigen Elemente mit großen, die der anderen, mit kleinen Buchstaben notiert, wodurch die Dur-Skala, etwa C Dur, in der folgenden Darstellung erscheint:

$$\overset{\overbrace{C - e - G}}{F - a - C} \qquad \underbrace{G - h - D}\quad \text{oder:}$$

$$F - a - C - e - G - h - D$$

Da nun, mathematisch betrachtet, die groß geschriebenen Töne durchaus ganze Potenzen von drei darstellen und die klein geschriebenen solche von fünf, so ergibt sich von selbst, daß der Akkord D — F — a weder eine reine Quint noch eine richtige Mollterz haben kann, weil die reine Quint über D immer nur A heißen darf und niemals a. Moduliert man etwa „diatonisch" von C Dur aus nach D moll in der Weise, daß man die aus der Harmonie der Unterdominante von C Dur entnommenen Töne F und a zur Kadenz in den tonischen Dreiklang von D moll verwendet und nun weiterhin als zu D moll gehörig umdeutet,

so müßte man, genau genommen, vorher das a um ein syntonisches Komma hinaufalteriert, in das A, und das F um den gleichen Betrag erhöht, in ein f verwandeln, also eine enharmonische Auswechslung jener beiden Töne vornehmen; und an der Forderung der genauen Unterscheidung einer mathematisch reinen Stimmung von der landläufigen temperierten, hat

Bruckner stets auf das strengste festgehalten. Hierfür war der nachfolgende Vorfall recht bezeichnend:

Eines Tages, wir waren gerade mitten in einer interessanten Arbeit, erschien ein vornehmer Japaner, der sich als Dr. Tanaka, Mitglied der japanischen Gesandschaft, vorstellte und dem einigermaßen erstaunten Meister mitteilte, er habe bei Helmholtz in Berlin Akustik und Musiktheorie gehört und es sei ihm, nach schwierigen und mühevollen Arbeiten, gelungen, nicht allein Thomsons berühmte enharmonische Orgel der Londoner „Tonic-Solfa Association", sondern auch Bosanquets Instrument mit seinen 53 reingestimmten Tönen innerhalb jeder Oktave wesentlich zu verbessern und durch Anbringen von hebelartigen Registerzügen ganz außerordentlich zu vereinfachen. Unter vielen Bücklingen und Ehrfurchtsbezeigungen für Bruckner überreichte er diesem nun eine deutsch geschriebene Monographie über reine Stimmung und sein neues „Enharmonium", indem er uns gleichzeitig beschwor, jenes Instrument, das in den Räumen der japanischen Gesandtschaft aufgestellt sei, zu besichtigen; auch habe er zu diesem Zweck gleich den Wagen der Gesandtschaft mitgebracht, der uns in wenigen Minuten dorthin bringen werde. Bruckner, zuerst recht widerspenstig, stimmte schließlich bei, und so fuhren wir mit Dr. Tanaka zur japanischen Gesandtschaft, wo wir, mit großem Zeremoniell begrüßt, nach Durchschreiten vieler Prunkräume voll der herrlichsten ostasiatischen Kunstschätze, schließlich in das Boudoir der Gattin des Gesandten, einer japanischen Gräfin, gelangten und hier befand sich jenes merkwürdige Orgelharmonium. Dr. Tanaka zog ein Notenheft hervor, aus welchem er uns nun das Lohengrin-Vorspiel nach einer eigentümlichen, sehr verwickelten und uns gänzlich unverständlichen Notierung vorzuspielen begann. Obwohl er mitunter stockte, war der Eindruck doch höchst überraschend und überwältigend, und als er hierauf dasselbe Stück auf einem daneben stehenden gewöhnlichen Harmonium in gleichschwebend temperierter Stimmung vortrug, hatten wir den Eindruck, daß dieses Instrument unerträglich verstimmt sei. Bruckner, den diese Vorführung nun immer mehr zu interessieren begann, schrieb einige enharmonische Akkordverbindungen nieder und schließlich auch einige „diatonische" Modulationen, die, etwa wie jene mit Umdeutung des Dreiklanges der zweiten Dur-Stufe in einen Mollakkord, eigentlich gleichfalls als enharmonisch anzusehen sind. Dr. Tanaka bearbeitete zunächst die aufgeschriebenen Akkordverbindungen in seiner Weise mit allerlei Zeichen und Ziffern, setzte sich an sein Instrument und nun hatten wir den einzigartigen Genuß, alle jene sonst nur ideellen, rein gedanklich vorgenommenen Umdeutungen, jetzt in voller Wirklichkeit, durch deutlich hörbare Tonschritte und Tastenwechsel vorgeführt zu erhalten! Bruckner wollte sich nach all diesem von dem neuen Harmonium gar nicht mehr trennen und schwelgte in dem Genusse aller möglichen reinen Akkordverbindungen.

Es ist ja bekannt, wie begeistert sich schon Helmholtz unter ähnlichen Umständen über den Eindruck geäußert hat, den solche reingestimmte vielstufige Tasteninstrumente in ihm hinterlassen, und er empfiehlt deren Bau aufs wärmste: „Wer nur einmal", schreibt er gelegentlich, „den Unterschied zwischen reingestimmten und temperierten Akkorden gehört hat, wird nicht zweifeln, daß es für eine große Orgel der größte Gewinn wäre, wenn man die Hälfte ihrer Register, deren Unterschiede oft genug auf eine Spielerei hinauslaufen, striche und dafür die Zahl der Töne innerhalb der Oktave verdoppelte, um mit Hilfe passender Registerzüge in jeder Tonart rein spielen zu können."

Leider aber ist es, allen etwa noch zu gewärtigenden späteren Verbesserungen und Vereinfachungen zum Trotz, kaum anzunehmen, daß solche Instrumente sich jemals bei uns einbürgerten, vor allem schon darum nicht, weil sich nur ganz ausnahmsweise einmal ein Künstler fände, der sie zu beherrschen vermöchte. Müssen wir nun solcherart leider die Hoffnung auf eine reine Stimmung unserer Tasteninstrumente fahren lassen und uns, aus praktischen Rücksichten, auch weiterhin mit einer gleichschwebenden Temperatur unser Skalen zufrieden geben, so sollten wir darum doch niemals den tiefen Sinn außer acht lassen, der sich in jenen merkwürdigen, ganz unergründlichen Irrationalitäten der reinen Stimmung verbirgt, und wenn die Musik tatsächlich ein Abbild des unendlichen Lebens ist, dann tritt dies nirgends deutlicher hervor als gerade in jenen orphisch-pythagoräischen Geheimnissen, die sich der in stiller Abgeschiedenheit verharrenden Seele durch die Wunder der Tonkunst zu offenbaren vermögen.

Darum ist es auch viel wichtiger als die, in Wirklichkeit ja doch niemals völlig erreichbare sinnlich-reale Verkörperung einer mathematisch rein gestimmten Tonleiter, daß deren innerer Sinn nicht verloren gehe und daß er sich vielmehr in einer streng korrekten Stimmführung und ihren Bewegungsgesetzen auswirke, die nun ihren wahren Geist allererst durch die genaue Rücksicht auf die in einer reinen Stimmung verborgenen musikalischen Forderungen erhalten kann. Geht man über diese geheiligten letzten Dinge der Kunst leichtfertig hinweg, so verfehlt man eben ihr wahres und tiefstes Wesen und hat sich selbst mutwillig den Zugang zum Allerheiligsten versperrt. Kühne Neuerungen und Freiheiten in der Behandlung des Tonsatzes finden daher ihre innere Berechtigung nur dann, wenn ihr Autor allen jenen Subtilitäten gewachsen ist und sie, wie etwa Mozart, spielend, ja sogar spielerisch beherrscht; und in diesem Sinne hat Bruckner bei seinen Schülern mit eiserner Strenge nach dem Rechten gesehen;

welche Akkordverbindungen aus diesem Gesichtspunkt bereits als „frei" oder gar als „sehr frei" galten, erhellt aus den beiden Notenbeispielen, die Bruckner in eines meiner Studienhefte eigenhändig eingetragen hatte und die ich hier in photographischer Reproduktion folgen lasse; sie sind die Ausbesserung, respektive Weiterführung von mir begonnener, ganz einfacher Übungsaufgaben:

[von hier an Bruckners Handschrift]

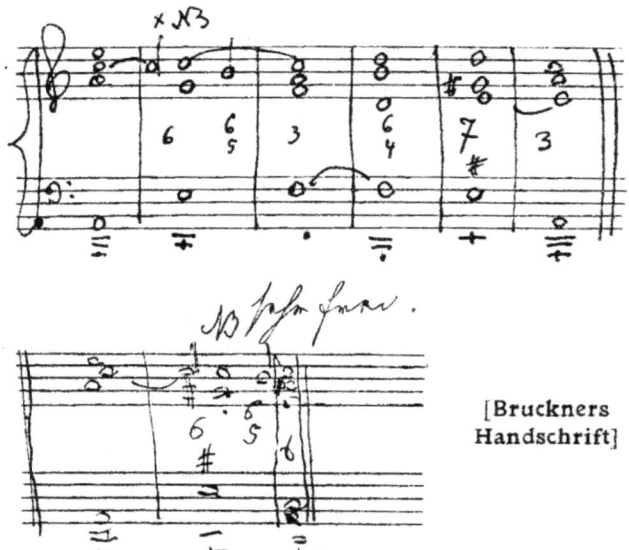

[Bruckners Handschrift]

Unser Meister war immer ein Freund drastischer Vergleiche und einmal setzte er mir seine Ansicht über den strengen und den freien Satz an dem Beispiel eines vollendeten Gentleman auseinander, der sich in Gesellschaft gelegentlich wohl auch sehr frei und ungezwungen benehmen könne, ohne damit anzustoßen, gerade weil er seiner guten Erziehung unter allen Umständen durchaus sicher sei, während ein unerzogener Tölpel stets befangen, fortwährend peinlich auf sich achten müsse und dabei doch immer lächerlich erscheine.

Über die Moll-Tonarten.

Wie schon erwähnt, hat sich Bruckner auch hinsichtlich seiner Behandlung der Moll-Tonarten eng an Sechters Theorie angeschlossen und, gleich diesem, die aufsteigende Tonleiter mit erhöhter (dorischer) Sexte und erhöhter (Leitton-) Septime, der absteigenden mit den nicht erhöhten, „natürlichen" Stufen gegenübergestellt:

Auch diese Ansicht geht ursprünglich auf Rameau zurück, der die Regel aufgestellt hatte, daß die steigende Molltonleiter sich von der gleichnamigen Durskala nur durch die kleine Terz unterscheide, die fallende hingegen den Leitton aufzugeben und auch die sechste Stufe zu erniedrigen habe; daß sie also sich derselben Töne bediene wie die parallele Durtonleiter.

Heute wissen wir, daß jenes Mollsystem mit den verschiedenen auf- und niedersteigenden Skalen ein Kompromiß darstellt, das die, mit der antiken dorischen und der phrygischen Kirchentonart identische „absolute Mollskala" mit ihrem Gegensatz, der modernen Durskala, zu einem eigenartigen Mischgebilde vereinigt hat. Auf die tieferen Gründe dieser Konstruktion, die mit Rameaus Widerstand gegen die von Zarlino lange vorher schon entdeckte Dualität der Tongeschlechter zusammenhängt, kann hier nicht näher eingegangen werden; es möge genügen darauf hinzuweisen, daß jene absteigende „absolute" Mollskala ein in jeder Hinsicht genaues

Spiegelbild der aufsteigenden Durtonleiter darstellt und daß mit dem Verschwinden der alten Kirchentöne jenes neue gemischte Tongeschlecht sich herausgebildet hat, als das wir unser modernes Moll anzusehen haben. Das absolute Moll der Alten hatte nämlich keinen schlußfähigen Dominantakkord, da ihm der Leitton nach oben fehlte, während es einen solchen, aber nach abwärts strebenden, von der zweiten Stufe zur ersten, aufwies. Sollte also jene absolute Mollskala für die Harmonisierung ebenso brauchbar gemacht werden wie die Durtonart, so mußte sie einerseits eine große Dominant-Terz, als Leitton nach oben, erhalten und dagegen den abwärts zur Tonika führenden auf der zweiten Stufe verlieren. Solcherart ergab sich also, etwa für A moll, das nachfolgende Schema:

$$A - c - E$$
$$D - f - A \qquad E - gis - H$$

Diese Töne, zu einer Skala vereinigt, stellen nun folgende Reihe dar:

A H c D E f gis A

So wurde zwar der gewünschte Leitton auf der siebenten Stufe gewonnen, zugleich aber trat nun auch ein unharmonischer übermäßiger Schritt von der sechsten zur siebenten Stufe auf, der sich nur vermeiden ließ, wenn die Sexte gleichfalls chromatisch erhöht wurde, so daß nun der Hiatus geschlossen erschien:

A H c D E fis gis A

Sollte nun anderseits auch die Unterdominante der Tonart ihre Charakteristik bewahren, so mußte die nicht erhöhte sechste Stufe für die absteigende Skala erhalten bleiben, wodurch nun allerdings wiederum der gleiche Hiatus auftrat:

$$A \overline{\text{ gis f}} E D c H A$$

und dieser kann einzig dadurch vermieden werden, daß die siebente Stufe ihren Leittoncharakter wieder aufgibt und zur natürlichen Stufe wird, woraus sich nun die absteigende Mollskala ergibt:

$$A g f E D c H A$$

Diese historisch-genetische Ableitung der „Durmoll"-Tonleiter war Bruckner vermutlich unbekannt geblieben; auch fehlte ihm wahrscheinlich die Kenntnis einer ganz analog gebauten „Molldur"-Tonart, die im Gegensatz zum absoluten Dur eine getrennte auf- und absteigende Dur-Skala aufweist, derart, daß diese Tonart eine Dur-Oberdominante mit einer Moll-Unterdominante verknüpft, also etwa in C Dur:

$$\underbrace{F - as - C}\ e\ \underbrace{-\ G\ -\ h\ -\ D}$$

Setzt man diese Töne wieder zu einer Skala zusammen, so erhält man einen Hiatus zwischen der sechsten und siebenten Stufe, was nun ganz analoge Korrekturen erfordert wie beim Durmoll; die Reihe

$$C D e F G \overline{as\ h} C$$

ergibt also nach aufwärts unsere gewöhnliche C Dur-Tonleiter

C D e F G a h C

und absteigend:

C b as G F e D C

Gänzlich fremd ist diese doppelte Durskala dem Sechter-Brucknerschen System keineswegs, denn es unterscheidet ausdrücklich zwischen einer aufsteigenden und einer abwärts gehenden chromatischen Durtonleiter.

Für das Moll-System Sechters ergab sich nun von selbst als Grundsatz für die Stimmführung, daß die erhöhten Töne der aufsteigenden Skala, da sie immer nur nach aufwärts zu gehen haben, niemals Sept oder Non werden und niemals verdoppelt werden dürfen; die sechste und siebente natürliche Stufe ebensowenig, ausser in dem Falle, wo einer der beiden verdoppelten Töne auf einem unmittelbar folgenden Fundament auszuweichen Gelegenheit findet, um seine Auflösung nach abwärts sodann nachzuholen:

Stufen in
A moll: I. IV. VII. III. VI. II. V. I.

Von der sechsten und siebenten Stufe darf überhaupt nicht weggesprungen werden, es sei denn, daß die stufenweise Auflösung nachgetragen werde.

Geht man in der aufsteigenden Mollskala über die Dominante stufenweise hinaus, so hat man sich zu entscheiden, ob man nach der sechsten Stufe zur siebenten aufsteigen oder stufenweise zurückkehren will. Soll auf die sechste die siebente Stufe folgen, so müssen beide erhöht sein; will man jedoch nach der sechsten Stufe wieder umkehren, so darf diese nicht erhöht sein, denn ihr Sinn liegt einzig im Abwärtsdrängen zur fünften Stufe; es handelt sich also hier einfach um einen zurückkehrenden Durchgang. Ganz analog liegen die Verhältnisse, wenn man von der achten zur erhöhten siebenten Stufe herabsteigt: von dieser führt ebensowenig ein Weg nach abwärts, wie von der natürlichen sechsten ein solcher nach aufwärts; auch hier haben wir es also mit einer Rückkehrnote zu tun. Hat man dagegen nach der achten die natürliche siebente Stufe ergriffen, dann gibt es allerdings kein Umkehren mehr, da die natürliche Bewegung dieses Tones absteigend ist:

in A moll:

Es ist klar, daß auch Fälle vorkommen, wo innerhalb eines Satzes die beiden Mollskalen miteinander verwoben sind, und gerade solche Bildungen, insbesondere wenn sie im polyphonen, kontrapunktischen Stil verwendet werden, haben einen besonderen Reiz.

Chromatik und Modulation.

Wie man sieht, führt diese Art der Behandlung der Molltonleiter unmittelbar zur Chromatik. Ebenso wie bei den Molltonarten die Einführung des Chroma stets nur unter strenger Wahrung der Tonalität und der genauen Rücksicht auf die Fundamente und deren Bewegung erfolgen durfte, so mußte dies, in erweitertem Sinne, auch für die Chromatik im allgemeinen zutreffen und hier galt für Bruckner, ebenso wie auch schon für Sechter, als der oberste Grundsatz, daß jeglichem chromatischen Satze stets ein diatonischer zugrunde liegen müsse. Dies ergiebt sich ja eigentlich schon ganz von selbst aus der Forderung einer korrekten musikalischen Orthographie. Ist es doch keineswegs gleichgültig, ob man etwa im C Dur-Dreiklang die Terz e in die Mollterz es absteigen lässt, oder etwa in das dis. Nicht allein besteht hier ein feiner melodischer Unterschied zwischen den beiden Schritten, der in unserer gebräuchlichen gleichschwebend temperierten Skala allerdings verschwindet: während der Akkord C — es — G auf dem Fundamentston C steht, kann der enharmonisch umgedeutete: C — dis — G unter Umständen dem Fundament H angehören und nach E moll hinüberleiten.

Bruckner ließ also den Schüler, insbesondere den Anfänger, zuerst immer das diatonische Gerippe eines jeden Satzes ausarbeiten, bevor dieser die eigentliche chromatische Fassung niederschreiben durfte und dabei forderte er strenge Rechenschaft über die harmonische Provenienz eines jeden einzelnen Chroma.

Ein ganz einfaches Beispiel möge dies deutlicher machen:

Chromatische Schritte können nun einfach oder zusammengesetzt sein. Einfach wurden Schritte genannt, die keinen zweiten solchen nötig machen, was immer dann der Fall ist, wenn Akkorde irgend einer Stufe durch chromatische Veränderung in eine Dominantharmonie umgedeutet wurden. Da zufolge der eigenartigen Selbständigkeit, Eindeutigkeit und bedingungslosen Verständlichkeit der Dominantharmonien die ihnen angehörige Sept und auch die None frei, also ohne Vorbereitung eintreten dürfen, bietet sich für die chromatische Dominantisierung hier ein weites Feld.

Komplizierter wird der chromatische Satz, wenn dem Schlußfall von der Dominantharmonie zur Tonika noch eine andere chromatisch alterierte Harmonie vorausgeht, derart, daß die Dominante selbst dadurch mit Spannung erwartet wird; am besten also durch den charakteristischen Drei-, Vier- oder Fünfklang der zweiten Moll-Stufe; und diese ganz besonders kräftig kadenzierend wirkende Harmonie erhält ihre schärfste Ausprägung, wenn in ihr überdies die kleine Terz zur großen gemacht wird, ohne gleichzeitig die für sie charakteristische verminderte Quinte zu verändern, wodurch jener alterierte Akkord, da er nun eigentlich in zwei verwandten Tonarten zugleich steht, den tonalen Horizont einer solchen Kadenz in ganz merkwürdiger Weise erweitert:

Ganz in diesem Sinne hatte nun auch Karl Mayrberger, in der schon erwähnten Abhandlung, die ersten Akkorde des „Tristan"-Vorspieles interpretiert:

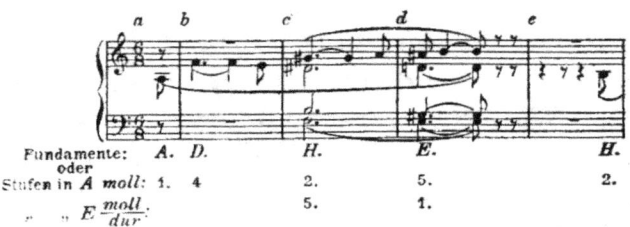

Den Anfangsakkord des Taktes c erklärt Mayrberger als einen Zwitterakkord, dessen Ton f aus A moll und dessen Ton dis aus e moll stammt; das ais in Takt d als die untere Wechselnote von h, das also der melodischen und nicht der harmonischen Chromatik angehört. Eine freie untere Wechselnote ist auch das h der Oberstimme in Takt g; die ganze Gestaltung dieses Taktes wiederum ein Zwitterakkord, dessen fis von g moll oder -dur und dessen as von c moll entlehnt ist. In dem cis von Takt h haben wir es wieder mit einer unteren Wechselnote zu tun, die nach dem d zielt und der melodischen Chromatik angehört.

In dieser Weise werden nun die Motive des „Tristan" eingehend analysiert und man bemerkt die genaue Übereinstimmung mit den Gedankengängen Sechters und insbesondere Bruckners, der diese Studie des Preßburger Musikers gleichfalls wärmstens begrüßt hatte.

Wie schon angedeutet, wird man solche Harmonieverbindungen heute möglicherweise anders deuten; es erscheint mir aber doch wichtig, daran festzuhalten, daß Meister wie

Bruckner und Richard Wagner jene hier erörterte Auffassung für durchaus berechtigt und zutreffend gehalten haben und in diesem Zusammenhang ist es sicherlich merkwürdig genug, daß jene einst als so kühn und fremdartig angestaunten „Schlummer-Akkorde" aus dem letzten Akt der „Walküre" bei den Worten: „In festen Schlaf verschließ' ich dich", schon Dezennien vor dem Erscheinen jenes Werkes, im ersten Bande von Sechters wiederholt erwähntem Lehrbuch, als ein Schulbeispiel eines „zusammengesetzten chromatischen Schrittes" in dem oben erläuterten Sinne vorkommen:

ein Beweis, daß Simon Sechter doch etwas mehr gewesen sein muß als der Pedant und Schulfuchs, als den man ihn hat hinstellen wollen.

Wie ich schon einmal hervorgehoben habe, ist die Grundlage aller Modulation die „diatonische", deren Wesen darin besteht, daß die Harmonien der Ausgangstonart zu solchen innerhalb der neuen umgedeutet und daraus die Konsequenzen in diesem Sinne gezogen werden; daß jedoch, wie gleichfalls schon erörtert worden, diese Umdeutungen, im Sinne der reinen Stimmung, eigentlich als enharmonische Tonwechsel anzusehen sind, soll hier nochmals erinnert werden. Die beiden nachfolgenden Beispiele werden den Vorgang bei der diatonischen Modulation wohl hinreichend deutlich machen:

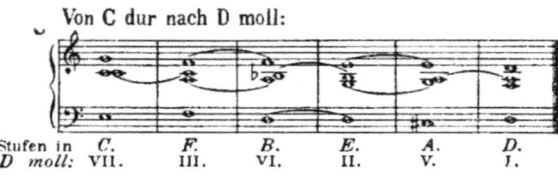

Ganz analog werden wir nun auch bei den chromatischen Sätzen genau zu unterscheiden haben zwischen solchen, die, allen chromatischen Veränderungen zum Trotz, dennoch streng im Rahmen ihrer Tonart verbleiben und jenen, die erst durch prinzipielle Umdeutung der Harmonien im Sinne der neuen Tonart, die frühere definitiv verlassen. Für die nicht modulierenden, innerhalb ihrer Tonart verbleibenden chromatischen Sätze gilt nun das wichtige Prinzip, die Einführung von leiterfremden chromatischen Tönen nicht auf die Fundamente auszudehnen, so daß diese also von der Chromatisierung nicht betroffen werden; sie darf sich vielmehr einzig und allein auf die sonstigen Anteile der über ihnen stehenden Akkorde, also auf ihre Terz, Quinte, Septime oder Non erstrecken. In einem solchen nicht modulierenden chromatischen Satze spielt also die Kette der unberührt gebliebenen Fundamentstöne die Rolle eines eisernen Rückgrats, das, im Gegensatz zu allen noch so weitgehenden Alterationen, die Tonalität des Ganzen unerschütterlich wahrt. So behält der nachfolgende Satz, bei allen scheinbaren Ausweichungen, dennoch durchaus die klare Beziehung zu C Dur:

(nach Sechter)

Man bemerkt, wie eine solche Akkordfolge einerseits zwar reichliche Ausblicke auf alle Verwandschaftsgebiete einer Tonart eröffnet, dabei aber doch, vermöge der unerschütterlichen Wahrung der Tonalität durch die gänzlich unberührten Fundamente, eine innere Geschlossenheit und Einheit aufweist, die in ihrer Art unvergleichlich ist. Niemals hat sich Bruckner in diesem Punkt durch Einwürfe oder Vorschläge seiner Freunde irre machen lassen, die auf alle mögliche Weise versucht hatten, ob es nicht doch anginge, auch die Fundamente innerhalb eines einheitlich tonalen Satzes chromatisch zu machen und solcherart gewisse natürlich klingende Alterationen in einfacher Weise zu deuten. Ich habe keinen Augenblick daran gezweifelt, daß Bruckner von seinem Standpunkt aus, durchaus im Recht gewesen ist, denn gerade auf dem unerschütterten Festhalten der Tonalität bei allen noch so fernen Ausweichungen, beruht jene unaussprechliche innere Stilruhe, Größe und Einheit, wie sie uns in allen seinen Schöpfungen entgegentritt.

Bei der Diskussion über jenes Prinzip von der Unberührbarkeit der Fundamentaltöne durch chromatische Alterationen ist nun allerdings vor allem zu entscheiden, welche Tonleitern man überhaupt dabei zugrunde legt. Es ist nämlich nicht einzusehen, warum man, wenn einmal im Sinne Bruckners die erhöhten Mollstufen als richtige Fundamente zugelassen werden, dann nicht auch, ganz analog, die Stufen der absteigenden Moll-Dur-Skala, von denen oben die Rede gewesen ist, ebensogut sollte als leitereigene Fundamente jener erweiterten Durtonart ansehen und entsprechend harmonisieren dürfen. Gesteht man dies aber zu, und es erschiene mir nur ganz konsequent, so gewinnt man sogleich die Möglichkeit, viele von jenen harmonischen Bildungen zwanglos zu deuten, deren Verständnis sonst, bei Festhalten an dem erwähnten Prinzip der Chromatik, auf Schwierigkeiten stieße. Das gleiche gilt natürlicherweise auch für die Stufen der „absoluten Mollskala", die ebenfalls als Fundamentaltöne in Betracht kommen, ohne daß durch ihre Heranziehung die Tonalität im mindesten getrübt würde; auf diesem einfachen Wege ergeben sich allbekannte Harmonieverbindungen, wie jene mit der „neapolitanischen Sexte" und andere, ganz von selbst.

Kontrapunkt.

Nach den vorausgegangenen Erörterungen kann ich mich über Bruckners Kontrapunkt-Unterricht umso kürzer fassen, als das eigentliche Wesen dieser Unterweisung in der unaufhörlichen praktischen Ausübung unter der Leitung des Meisters bestand, sich also überhaupt in der Form einer kurzen schriftlichen Darlegung gar nicht ausreichend mitteilen läßt. Es können also hier nur ganz kurz die leitenden Gesichtspunkte bei jenen Studien besprochen werden.

Im Anfang unterschied sich der Kontrapunkt-Unterricht nur wenig von der landläufigen alt-ehrwürdigen Methode. Der Schüler hatte einen gegebenen Cantus firmus nach den bekannten sechs Gattungen des einfachen Kontrapunkt zu bearbeiten; zuerst zweistimmig, dann drei- und vierstimmig, wobei jedesmal der feste Choralgesang, einmal im Diskant, dann im Alt, und so durch alle Stimmen, zu stehen hatte. Bald aber zeigte sich insofern ein Unterschied gegenüber der sonst üblichen Lehrmethode, als Bruckner immer wieder auf ein genaues Feststellen der sich ergebenden harmonischen Beziehungen drang und vom Schüler verlangte, daß er, bei aller freien Selbständigkeit der einzelnen polyphonen Stimm-Individuen, sich doch in jedem Augenblick der harmonischen Fundamente und ihrer Schritte bewußt bleibe. Daß diese Rücksicht auch für die eigentliche Kontrapunktik von großer Bedeutung war, ergiebt sich vor allem schon aus der wichtigen Regel, daß, insbesondere im zweistimmigen Satz, womöglich niemals zwei Intervalle unmittelbar aufeinander folgen sollen, die einem und demselben Fundament angehören. Darum ist von den beiden nachstehenden, keineswegs besonderen Sätzen, der zweite immerhin besser als der erste:

Nicht ohne Absicht habe ich gerade dieses höchst primitive Beispiel gewählt, denn es zeigt besonders deutlich, wie schon in den ersten Keimen die rein kontrapunktische Stimmführung und Melodiebildung mit dem Harmonischen ganz und gar verwachsen ist und wie sehr das Gefühl für diese Beziehung imstande ist, die Lebendigkeit des Ganzen zu erhöhen. Dies trifft natürlich in weitaus höherem Grade bei der chromatischen und modulatorischen Behandlung eines polyphonen Satzes zu, aber auch schon bei der kontrapunktischen Durchführung von Sätzen in der Molltonart, wo sich wundervolle Kontraste ergeben können, wenn etwa der Cantus firmus die erhöhten und der Kontrapunkt die natürlichen Stufen der Tonleiter erklingen läßt oder umgekehrt. Daß diese Prinzipien und Arbeitsmethoden, insbesondere bei verwickelteren Sätzen, wie Kanons und Fugen, zu einer außerordentlichen Bereicherung der Satztechnik zu führen vermochte, ist leicht einzusehen; aber auch für die melodische Erfindung selbst ist, wie sich ja soeben an dem Beispiel des zweistimmigen Kontrapunkt gezeigt hatte, vor allem eine tiefgründige Durchbildung mit den Hilfsmitteln der Harmonik von der größten Bedeutung, und wer besonders feine geistige Ohren hat und einen Sinn für reine Intonation, dem sei Sechters originelle Abhandlung: „Vom einstimmigen Satze" bestens empfohlen.

Ob das hier in kurzen Zügen geschilderte Lehrsystem heute als überwunden anzusehen ist, ob es nicht vielleicht gerade umgekehrt, bei richtiger Verwertung auch jetzt noch befruchtend zu wirken vermöchte, wage ich nicht zu entscheiden; immerhin gibt es zu denken, daß aus dieser Schule eine grosse Anzahl bedeutender und führender Musiker hervorgegangen ist, daß ein Meister wie Bruckner, ein Lehrer wie Nottebohm, ein Dirigent wie Hanns Richter, überzeugte Anhänger und Verfechter dieses musiktheoretischen Systems gewesen sind und daß es Richard Wagner als die Grundlage alles tieferen Musikverständnisses betrachtet hatte.

Für Bruckner aber bedeutete jenes System weit mehr: es war ihm Ausdruck höchster Logik und Gesetzlichkeit, nicht nur der Natur, sondern weit mehr noch, alles sittlichen Seins und der göttlichen Gerechtigkeit; und wenn seine, einem Abgrund entstiegenen Gigantenthemen einherschreiten, daß die Erde zu erzittern scheint, wenn tiefste Innigkeit und Inbrunst des Gebetes und dann wieder eine übermenschliche, wilde Ausgelassenheit aus seinen Werken sprechen, so liegt dies im letzten Grunde darin, daß er sich immer als der Verkünder jener heiligen Gesetzlichkeit gefühlt hat; denn ihm war der Logos nicht nur Sprache, Ausdruck der Gesetze des Daseins und künstlerische Sendung, sondern über dies alles hinaus, Rechtfertigung vor dem Richterstuhl der Ewigkeit.

Am Grabe.

Männerchor.

(Komponiert 1861.)

Aufführungsrecht vorbehalten.

Das Abschreiben der Stimmen ist gesetzlich verboten.

Anton Bruckner.
(1824-1896.)

Copyright 1923 by Universal-Edition.

Universal-Edition Nr. 7459.

U. E. 7459.

Ebenfalls im SEVERUS Verlag erhältlich:

Theodor von Frimmel
Beethoven Studien I: Beethovens äußere Erscheinung
Mit einem Vorwort von Melina Duracak
SEVERUS 2010 / 184 S. / 29,50 Euro
ISBN 978-3-942382-80-9

Ludwig van Beethoven (1770-1827) hat sein Leben lang die Menschen mit seinem Wesen und seiner Musik aufgerührt. Mit seinem Widerstreben gegen die Form und seiner Konzentration auf die individuelle Vorstellung von Musik schlug er die Brücke von der Wiener Klassik zur Romantik.

Schon seit dem frühen 19. Jahrhundert entstanden zahlreiche künstlerische Darstellungen, die sich mit der Person Beethoven beschäftigen. Die Bilder und Fotografien vermitteln am anschaulichsten eine Vorstellung vom Leben und den Lebensumständen des Komponisten. Bis in die Gegenwart hinein dient die Person Ludwig van Beethoven als Inspiration für neue künstlerische Umsetzungen. Dieser Aspekt wird zunehmend in der musikwissenschaftlichen und kunsthistorischen Forschung von Bedeutung.

Theodor von Frimmel, einer der bedeutendsten Beethoven-Forscher, zeigt in dem vorliegenden Band Bildnisse des Komponisten, die zu seinen Lebzeiten und nach seinem Tod entstanden sind, und hinterfragt sie kritisch. Mißlungene Portraits werden aufgedeckt, gelungene hervorgehoben. Am Ende steht ein authentisches Bild Beethovens.

www.severus-verlag.de

Ebenfalls im SEVERUS Verlag erhältlich:

Theodor von Frimmel
Beethoven Studien II: Bausteine zu einer Lebensgeschichte des Meisters
SEVERUS 2010 / 292 S./ 29,50 Euro
ISBN 978-3-942382-81-6

Ludwig van Beethoven, heute einer der meistaufgeführten Komponisten der Welt, wurde 1770 in Bonn geboren. Sein ehrgeiziger und alkoholabhängiger Vater wollte ihn zu einem „Wunderkind" à la Mozart machen und trieb ihn gewaltsam an. Schon bald war Beethoven der herausragendste Komponist und Klavierspieler Wiens. Er galt als Meister der Improvisation, seine Kammermusik bezeichnete man als vollkommen neuartig. Seine zahlreichen Symphonien, Klavierkonzerte, Streichquartette, Klaviersonaten, Messen und die Oper *Fidelio* führten die Wiener Klassik zu ihrem Höhepunkt und ebneten der Romantik ihren Weg. Beethoven, der seine letzten Jahre in völliger Taubheit verbrachte, komponierte noch bis ins hohe Alter hinein. Die Töne, die durchdrungen waren vom revolutionären Geiste, hatte er im Kopf. Abgeschieden von der Außenwelt starb das vereinsamte Genie 1827.

Theodor von Frimmel schildert in der vorliegenden Biographie eindrucksvoll Stationen aus dem Leben Beethovens. Er durchleuchtet die gesellschaftlichen Kreise des Komponisten und nennt bis dahin noch ungekannte Quellen. Gestützt werden seine Aussagen durch Augenzeugenberichte und Zitate Beethovens.

www.severus-verlag.de

Ebenfalls im SEVERUS Verlag erhältlich:

Friedrich Eckstein
Alte unnennbare Tage
SEVERUS 2010 / 268 S. / 24,50 Euro
ISBN 978-3-942382-19-9

„Selbst unter den berühmtesten Wiener Berühmtheiten gab es keinen, der sich nicht gern an Mac Ecks Stammtisch eingefunden hätte. Hugo Wolf, Johann Strauß, E. Blavatsky und Annie Besant, Ferdinand Bruckner, Sigmund Freud, Alfred Adler und Leo Trotzki sie alle berieten sich mit ihm. Wenn Hugo von Hofmannsthal, Werfel und Rilke über ein Gedicht in Zweifel waren, so pilgerten sie zu Mac Eck. Architekten legten ihm ihre Baupläne, Mathematiker ihre Gleichungen, Physiker ihre Formeln, Komponisten ihre Partituren zur Begutachtung vor. Juristen und Psychoanalytiker besprachen ihre Fälle mit ihm. Schauspieler befragten ihn über ihre Rollen und Historiker über ihre Geschichtstheorien. […] Mac Eck kannte sich in allen Gebieten aus."
René Fülöp-Miller

Anschaulich und anekdotenreich schildert der österreichische Polyhistor, Literat, Mäzen und Theosoph Friedrich Eckstein (1861 - 1939) seine Begegnungen mit Hugo Wolf und Anton Bruckner, Mark Twain und vielen anderen.

www.severus-verlag.de

www.ingramcontent.com/pod-product-compliance
Lightning Source LLC
Chambersburg PA
CBHW071934240426
43668CB00038B/1798